Manual de Bibliodrama

Esly Regina de Carvalho

Praça do Encontro

Praça do Encontro
www.pracadoencontro.com.br

Manual de Bibliodrama

© 2002, 2018 Esly Regina de Carvalho

ISBN-13: 9781941727454

Praça do Encontro

Praça do Encontro

SEPS 705/905 Ed. Santa Cruz sala 441

70.390-055 Brasília, DF

www.pracadoencontro.com.br

Capa: Éderson Luciano Santos de Oliveira

Manual de Bibliodrama

Esly Regina de Carvalho

Praça do Encontro

Praça do Encontro

www.pracadoencontro.com.br

Dedicatória

Este **Manual de Bibliodrama** foi escrito para a glória de Deus e o entendimento de muitos da Sua Santa Palavra.

É também nosso desejo que as pessoas se divertissem com este aprendizado e se comovessem com o Seu Amor por nós.

Introdução

Comecei a trabalhar com Bibliodrama junto com a minha formação em psicodrama há muitos anos. Parte dessa exploração do religioso através da dramatização resultou no meu livro, *Jogos Dramáticos para Cristãos (1)*. Alí foram apresentadas várias sugestões preliminares de Bibliodrama. Sempre achei que dramatizar as histórias bíblicas fazia com que as mesmas recobrassem vida e novas perspectivas na compreensão das histórias e sua relevância para a vida atual.

Mas foi depois que vi o psicodramatista Peter Pitzele (em 1995) dirigir Bibliodrama nos Estados Unidos que novas formas de fazer Bibliodrama me ocorreram. Fiquei fascinada com sua ênfase nos papéis que desempenhamos no Bibliodrama e as coisas que *não* estão explicitamente presentes no texto. Pitzele se refere a toda tradição do *midrash* dentro do judaísmo: as histórias que surgiram para explicar eventos na Bíblia, mas que ninguém realmente sabe se são verdade, se aconteceram assim ou não. *Midrash* tem toda uma conotação das histórias que se prestam muito ao desenvolvimento do Bibliodrama. Fala das letras escritas com o fogo preto: as palavras que lemos. Mas fala também das letras em fogo branco: as que não estão escritas e onde podemos projetar a nossa imaginação.

Comecei, então, a experimentar pouco a pouco com novas formas e técnicas Bibliodramáticas tanto as vivenciadas com devocionais Bibliodramáticos.

Este trabalho é uma tentativa de ajudar àquelas pessoas interessadas em desenvolver o Bibliodrama em suas igrejas, sinagogas e até comunidades seculares. As histórias são de infinita sabedoria que podem contribuir para a vida de qualquer pessoa, quer seja de forma religiosa ou não.

Acredito que uma pessoa pode fazer Bibliodrama sem ter que ser psicodramatista, mas não acho que seja suficiente simplesmente ler o que está aqui. É importante participar de algumas sessões de Bibliodrama e fazer um workshop de treinamento. Por outro lado, alguém já experiente no trabalho de grupos e suas dinâmicas pode aproveitar muito bem as ideias aqui apresentadas, uma vez que tenha visto alguns Bibliodramas.

Espero que a aventura de conhecer os textos bíblicos de uma nova maneira possam também ajudar as pessoas a conhecerem Seu Autor e aprofundar esta relação e o Amor que ali se encontra. A Palavra de Deus é sumamente criativa e pode nos inspirar a uma relação mais íntima com seu Autor já que Deus continua desenvolvendo essa relação até hoje.

Agora, mãos à obra!

O que é Bibliodrama?

Definições:

Nos termos mais simples, Bibliodrama é a dramatização de uma história ou porção bíblica. A diferença entre Bibliodrama (com "B" maiúsculo) e bibliodrama (com "b" minúsculo) tem a ver com o livro que vamos trabalhar. Se é a Bíblia, vai para o maiúsculo. Mas é possível fazer-se bibliodrama com outros livros. Na verdade, uma das formas mais comuns de dramatizar histórias de livros conhecidos é fazê-lo com histórias de contos de fadas. Mas neste manual vamos nos concentrar na dramatização das histórias ou porções da Bíblia.

Pitzele (1998:1) define Bibliodrama como *"uma forma de role-playing onde os papéis são tomados de textos bíblicos"*. Segundo essa definição, podemos dramatizar um número infinito de papéis, começando com aqueles que estão explicitamente no texto (Moisés, Abraão, Jesus, Paulo) ou com papéis das pessoas cujos nomes não são mencionados, mas sim, inseridos no contexto: a mãe do filho pródigo ou de Davi, a esposa de Noé e assim por diante.

É também possível dramatizar papéis de objetos inanimados: a Árvore do Conhecimento do Bem e do Mal, o cavalo de Paulo, a cesta de Moisés, a pedra que serviu de travesseiro a Jacó. Podemos trazer à cena figuras espirituais: Deus, os anjos, etc. A beleza do Bibliodrama, como também no Psicodrama, é que *tudo é possível no cenário*: os mortos falam, os papéis bíblicos recuperam vida, novos pensamentos surgem, e muitas vezes, aparece aquela compreensão que muda toda nossa forma de ver a Bíblia e quem sabe até a Deus.

Por que fazer Bibliodrama?

Existem muitas vantagens em ensinara través da dramatização (Miller, 1998:9-10):

1. A pessoa se lembra melhor daquilo que vive do que aquilo que ouve. O que vivemos fica incorporado; isto é, o que o nosso corpo vivenciou acaba ficando mais na memória do que aquilo que simplesmente ouvimos, algo que pode sumir com a próxima distração.

2. Podemos generalizar aquilo que aprendemos nas dramatizações porque fazem pontos de contato com a vida diária. O que sai nas dramatizações tem tudo a ver com o que as pessoas vivem no seu cotidiano.

3. As pessoas aprendem mais sobre si mesmas e podem se interessar em ler outras passagens bíblicas a fim de desenvolver um maior crescimento pessoal.

4. Há pessoas que abrem seu coração a um encontro ou chamado divino com resultado.

Quem pode fazer Bibliodrama?

Uma das coisas importantes no desenvolvimento do Bibliodrama é o fato de que vamos trabalhar apenas com os papéis apresentados na Bíblia e aqueles que nascem da imaginação a partir das histórias bíblicas. Por essa razão, o papel pessoal de cada um não costuma aparecer no Bibliodrama como faria numa psicoterapia. Não estamos buscando a história pessoal de cada um no sentido terapêutico ou como surge no Psicodrama que é uma forma de psicoterapia. Claro que cada pessoa vai contribuir ao papel com elementos de sua vivência e muitas pessoas descobrem aspectos importantes sobre sua vida quando param para analisar sua participação, mas não estamos investigando a vida *pessoal* dos participantes. Estamos investigando o texto bíblico através da dramatização de suas histórias, investigando papéis bíblicos, e procurando novas formas de entender – e viver - a Bíblia.

Por essa razão, um Bibliodramatista não precisa ser psicodramatista, aquele profissional que passou anos estudando Psicodrama e desenvolve o conhecimento sobre os manejos psicoterapêuticos. Aliás, os psicodramatistas que decidem fazer Bibliodramas precisam se alertar para manter as pessoas no papel bíblico e **não** ir aonde o Psicodrama os levaria: à arena da investigação pessoal. De fato, às vezes um leigo pode fazer um trabalho ainda melhor porque não ter sido contagiado pelas técnicas da psicologia.

Por outro lado, acredito que para ser bom facilitador(a) de Bibliodrama ou eventualmente um Bibliodramatista uma formação básica é importante e as pessoas devem procurá-la. Não é uma capacitação que exija longos anos de estudo e preparação. Exige um bom conhecimento bíblico, especialmente das histórias que se pretenda desenvolver. Muitas vezes as pessoas pensam que certas coisas aconteceram na Bíblia, quando não é verdade. O Bibliodramatista precisa saber o que realmente está escrito e o que **não** está. Devido ao respeito às Sagradas Escrituras, não podemos mudar o texto. O Bibliodrama pode acontecer nas entrelinhas: naqueles espaços em branco onde a Bíblia não dá determinados detalhes. É neste lugar onde se enriquece com a vivência.

Instrumentos do Bibliodrama

Cenário é algo que pode ser definido em vários lugares. Não é como o psicodrama que tem um espaço muito específico, bem delimitado. No Bibliodrama, o cenário pode chegar a incluir todos os participantes sentados em suas cadeiras. Pode ser na frente do auditório, num semicírculo, ou no meio dos participantes, e é comum que a linha divisória entre a cena e a audiência se desfaça ou mude durante o Bibliodrama. Neste sentido o cenário pode ser muito fluído em quanto a sua definição.

O Participante (ator/atriz) são os participantes do Bibliodrama. Nem sempre há ação porque o Bibliodrama pode se dá apenas pelo diálogo. Os participantes se transformam em atores no sentido mais estrito: não memorizam os papéis nem há um script claro além da passagem bíblica. Mas o normal é que pelo menos assumam os papéis na história do Bibliodrama e deem vida a eles através da sua imaginação.

O Roteiro são as Escrituras. O que está escrito tem que ser respeitado. Podemos desenvolver aspectos da história onde a Bíblia não expõe maiores detalhes, mas o que está escrito, escrito está e não pode ser modificado.

O Facilitador(a) ou Bibliodramatista é quem estrutura e dirige o Bibliodrama. É a pessoa encarregada de desenvolver a história, cuidar do desenrolar e manejo com os participantes, lidar com o tempo e trazer o trabalho a um bom término.

Técnicas de Bibliodrama

Há varias técnicas que o Bibliodrama toma emprestado do Psicodrama, que, por sua vez, tomou emprestado do teatro. É interessante ver que Pitzele introduz uma nova técnica, peculiar a seu estilo, o que ele chama de *"voicing"* ou **dar voz**. Enfatiza-se que todas essas técnicas são utilizadas a partir dos personagens bíblicos que se está investigando, e não das histórias pessoais dos participantes.

Em termos bem simples, as técnicas do Bibliodrama são:

1. **Inversão de papel** é uma técnica onde a pessoa "se coloca nos sapatos do outro", i.e., a mãe troca de papel com a filha, o marido se coloca na pele da esposa, e assim por diante. Só que no Bibliodrama a inversão é feita *somente* com os personagens ou objetos das histórias bíblicas, mencionados ou não, conforme comentado anteriormente. Uma parte primordial do bom aquecimento para o papel é levar os participantes a assumirem os papéis escolhidos da narrativa bíblica: ajudar o participante a *ser* determinada pessoa ou coisa, e não simplesmente *"falar sobre"*.... Por exemplo, Alberto deixa de ser Alberto para ser Moisés, ou Adão, ou Eva. (As pessoas podem escolher papéis de gênero oposto ao seu. É uma forma de experimentar papéis totalmente novos.)

2. O duplo ou ¨**outras vozes**¨ oferece às pessoas a possibilidade de esclarecimento. Acontece quando outra pessoa entra no cenário para dar uma contribuição ao que está acontecendo, esclarecendo os sentimentos, ou enfatizando um aspecto do papel que se complicou por alguma razão. No Bibliodrama essas ¨outras vozes¨ costumam ser outras pessoas que tomam o mesmo papel e continuam o diálogo ou ação. Por exemplo, se Adão e Eva estão conversando sobre o que aconteceu na Queda e Adão se queixa que a culpa é de Eva que o fez comer a fruta do jardim. Eva não sabe o que responder, e entra alguém (outra ¨Eva¨) para fazer o papel, dizendo, "Tudo eu! tudo eu! tudo que dá errado nessa vida é minha culpa!" Outra ¨Eva¨ poderia dizer, "Eu fico com muita raiva quando acabo levando a culpa daquilo que você também fez. Afinal de contas, ninguém te obrigou a comer a fruta que eu te ofereci..." O que é interessante no Bibliodrama é que o duplo é feito de uma forma simples: através das vozes de outras pessoas e com a presença de outros participantes no papel.

3. O **solilóquio** é uma técnica teatral em que se pede ao personagem que "fale em voz alta" aquilo que está pensando. O ator/atriz ¨fala sozinho" em voz alta. Utiliza-se muito em monólogos teatrais. Por exemplo, o filho pródigo está voltando

para casa, e se pede que caminhe de volta para a casa do pai, *pensando em voz alta*. Ou então, pedimos a Eva que nos diga o que está pensando agora que comeu a fruta... e ainda não deu para Adão.

4. A **cadeira auxiliar** permite a utilização de uma ou mais cadeiras para representarem pessoas ou eventos do Bibliodrama. Às vezes, as pessoas podem tomar assento nelas, e às vezes, não. Pitzele as usa muito (Pitzele, 1998) para definir o contexto e as histórias. Por exemplo, para ganhar tempo e aquecer os participantes, vai colocando cadeiras à medida em que as pessoas vão compartilhando os eventos significativos da vida de Moisés: "eu sou Moisés na cesta no Rio Nilo"; "eu sou Moisés na casa da filha de Faraó"; "eu sou Moisés quando vê a o egípcio maltratando o hebreu", e assim por diante. Pitzele (in Miller:1998) conta que usa duas cadeiras para exemplificar o texto bíblico e o *midrash*: a primeira cadeira exemplifica aquilo que está escrito com letras pretas, o texto bíblico imutável. A segunda cadeira, que fica logo atrás da primeira, exemplifica as "letras em branco", ou o *midrash*, aquilo que está aberto à nossa imaginação.

5. Pitzele introduz uma nova técnica que é uma mescla de inversão de papéis e o duplo, que ele chama de *"voicing"* ou

"**dar voz**". Nessa técnica, a pessoa não está em ação no cenário, mas está falando como se fosse outro personagem a partir da cadeira e o lugar onde se encontra. É uma forma de ampliar o cenário para incluir a própria audiência no Bibliodrama, e uma das técnicas mais interessantes e utilizadas no Bibliodrama.

6. Finalmente, uma técnica muito importante neste trabalho de Bibliodrama é o *"de-roling"*, ou "**deixar o papel**". É importante ir marcando quando é que deixamos de fazer o Bibliodrama e deixamos os papéis bíblicos de lado para retomar ao papel da nossa própria identidade outra vez. Por exemplo, ao terminar o Bibliodrama, podemos pedir que as pessoas deem uma "sacudida" com os braços, deixando o papel no cenário; ou que "voltem a vestir a camiseta da sua própria identidade".

Algo interessante no trabalho de Bibliodrama é que as pessoas que participam não precisam ter qualquer experiência prévia de teatro. Basta que sejam capazes de se incorporarem nos papéis bíblicos. Há muitos Bibliodramas que nem sequer têm grandes atuações ou movimentos. O mais importante é a ênfase na inversão ou *role-playing*: fazer com que os participantes se incorporem à história, vivam os papéis ou participem dos diálogos entre os personagens - mesmo sem nunca se levantarem de suas cadeiras.

Etapas do Bibliodrama

O Bibliodrama tem as seguintes etapas: aquecimento, ação e compartilhamento e revisão.

1. Aquecimento:

Esta é uma etapa muito importante porque se o aquecimento não for bem feito, o Bibliodrama não vai deslanchar. É importante que as pessoas possam se sentir confortáveis e à vontade para participar, e que aquelas que não querem participar saibam que *não é obrigatório*. Podem ficar como observadores o tempo todo ou entrarem na ação quando estejam prontas.

Aquecimento é a parte onde vamos começar compartilhando qual o texto que foi escolhido para o Bibliodrama. Normalmente é o diretor quem traz a história para o Bibliodrama segundo o propósito do encontro do grupo. Para quem não conhece é importante explicar como funciona, o que se espera de cada um e que não precisam ser atores ou atrizes porque vão falar a partir das suas ideias no papel. Não é preciso memorizar nada nem saber nada de cor porque não vão declamar. Vão falar do coração, da espontaneidade, da vontade de contribuir algo.

2. Ação:

Uma das peculiaridades do Bibliodrama é que não costuma incluir uma dramatização completa da história. Por exemplo, fizemos um Bibliodrama sobre a história de Elias quando foge de Jezabel e vai para cidade onde morava uma viúva com um único filho. O Bibliodrama foi estruturado de tal forma que os participantes foram divididos em grupos de 4-5 pessoas, onde todos tomavam o mesmo papel da viúva e estavam conversando entre si, tipo "conversa de comadre".

Então a consigna da Bibliodramatista foi: "Vamos convidar este estranho a vir à nossa casa ou não"? Vamos dar nosso último pedaço de pão para ele?" O Bibliodrama nunca saiu da roda de comadres, mas a "ação interna" que foi mobilizada com os diálogos das comadres levou os participantes a repensarem no que significou para a viúva incluir este homem estrangeiro - e estranho - em sua casa.

3. Compartilhar ou Revisão:

Essa terceira etapa tem vários aspectos. Pitzele (1998: 203ss) comenta vários elementos importantes para a terceira fase do Bibliodrama. Como se trata tantas vezes de um exercício educativo/pedagógico e não terapêutico no sentido tradicional do Psicodrama, é importante levar outros aspectos em consideração:

A. Deixar o papel. Como o cenário e a audiência muitas vezes se confundem, deve-se fazer algo para sinalizar que a parte da ação terminou e que agora está deixando os papéis Bibliodramáticos e voltando a assumir os papéis sociais que temos. Podemos nos sacudir, deixando cair o "pó" do outro papel. Ou podemos voltar pela "máquina do tempo" através da qual entramos durante o aquecimento. Podemos, ainda, tirar a "camiseta da identidade" adquirida durante o Bibliodrama. O que importa aqui é deixar claro que já não estamos mais no papel Bibliodramático e vamos falar a partir dos nossos papéis sociais.

B. Compartilhar. Esse é o momento que os participantes têm para compartilhar o que sentiram, o que perceberam e o que a experiência significou para eles. É dos raros momentos de compartilhamento pessoal que há no Bibliodrama e nem todo mundo tem que fazê-lo. Às vezes, vale a pena fazê-lo em grupos pequenos porque há mais privacidade e intimidade. (Tenha uma caixa de lenço de papel por perto porque é comum o compartilhar ter lágrimas.)

C. Exegese. Como estamos fazendo Bibliodrama e estamos ligados ao texto bíblico, essa é a oportunidade que se tem para ligar a vivência às Escrituras. Às vezes o Bibliodramatista tem a oportunidade de estudar outras fontes de comentários dos textos e no final da exegese pode compartilhar o que outros autores comentaram sobre o texto que esteve em pauta.

D. Processamento metodológico. Nos casos onde estamos ensinando as pessoas a fazerem Bibliodrama, deixa-se um tempo no final para se processar o que foi feito. Neste momento os participantes têm a liberdade de perguntar ao Bibliodramatista o que foi que fez, porque certas coisas foram feitas em determinados momentos, assim como outros aspectos do manejo técnico da sessão.

Estruturando o Bibliodrama

Existem muitas maneiras de estruturar o roteiro do Bibliodrama. Isso vai depender:

1. do gosto de cada Bibliodramatista;

2. quais os objetivos que quer alcançar;

3. o tempo disponível para o desenrolar da história; e o

4. nível de compromisso dos participantes com a ação.

Não é apenas uma questão de tomar a história e dramatizá-la, apesar de que isso pode ser feito. Nessa forma em que trabalhamos o Bibliodrama, estamos procurando formas criativas de *role-playing*, i. e. de fazer com que os participantes entrem nos papéis da história bíblica.

Aqui vão algumas sugestões, mas sua imaginação deve ser usada, já que Deus nos criou como seres muito criativos, à Sua imagem e semelhança.

1. **Entrevistar...** as pessoas e/ou os objetos. Faça de conta que você é um jornalista e entreviste a pessoa no seu papel. Faça perguntas abertas, tipo: como? Quando? O que você achou disso? Para que você serve (referindo-se aos objetos)? Que foi que você viu? O que sentiu?

No meu manual, *Mulher e Autoestima*, todos os estudos bíblicos compartilhados são entrevistas com mulheres da Bíblia. Em Mateus 1, vemos cinco mulheres na genealogia de Jesus. "Raabe" - que veio vestida a rigor - nos matou de tanto rir quando nos contou que *"eu sei todos os segredos de Jericó. Porque todos eles passam pela minha cama!"* "Rute" nos compartilhou como foi difícil ser estrangeira e como sua sogra foi importante na sua vida. "Maria" nos comoveu quando nos contou que tinha um filho que não conseguia compreender. Uma das "Batsebá" que entrevistamos nos contou que tomava quatro ou cinco banhos por dia debaixo da janela de David porque ela queria que o rei a notasse. Outra Batsebá disse que ela foi com o rei porque recusá-lo era morte certa.

Tente descobrir a pessoa real detrás do personagem que existiu e que estamos tentando conhecer. Claro que as respostas costumam ser inventadas, mas é justamente aí que mora a beleza do que estamos tentando desenvolver.

2. Oferecer o texto e ver quem quer quais papéis. Pode haver mais que uma pessoa para cada papel. Por exemplo, ler a história do nascimento de Jesus e ver quem quer ser pastor, anjo, Maria ou José, etc. Pode haver várias "Marias" ou "Josés", se é que as pessoas se oferecem para fazê-lo. Pode, também, haver vários anjos ou pastores ou, ainda, vários reis magos. Quem sabe esta forma de estruturar o Bibliodrama seja a mais simples, mas também é a forma mais aberta com maiores riscos. Costuma ter um período bem caótico até que o grupo consiga se organizar... e quem sofre mais até que isso aconteça é justamente o Bibliodramatista.

3. **Fazer um grupo só de determinados papéis**, i.e., todos(as) são Eva, ou os homens são José e as mulheres são Maria ou misturados. Isto é muito interessante porque dá a oportunidade de "arredondar" o personagem, enriquecendo o aprendizado de várias perspectivas diferentes. No exemplo da viúva na roda de comadres, havia algumas que disseram que claro que iriam dar comida para o profeta. Outras disseram que tinham que pensar se era justo dar o último bocado a um homem estranho em vez de dar para seu único filho. Outra pensou que seria bom ter um homem em casa para ajudar consertar as coisas, e houve uma que perguntou, *"Ele é casado? Por que se ele é solteiro...!"*

4. **Diálogos.** Convidar duas pessoas para o cenário, após o aquecimento e entrevistar primeiro uma delas e depois a outra. À medida que vão se aquecendo para os papéis, podem começar a conversar entre si. Por exemplo, Maria e Isabel

poderiam conversar sobre quem estão levando no seu respetivo ventre, ou poderiam voltar a se encontrar depois da morte de ambos os filhos e comentar o que significou para cada uma a vida e morte dos seus filhos que eram primos, os eventos que levaram a seus nascimentos, etc.

5. Diálogos com Deus. Com relação a isto, é necessário ter-se certo cuidado para que as pessoas não vejam isso como desrespeito. Normalmente digo que *"tenho um acordo com Deus, através do qual podemos falar com a nossa imagem emocional de Deus e é essa parte que vamos explorar porque é obvio que ninguém pode começar a representar a Divindade."* Não tenho tido maiores problemas depois dessa curta explicação, mas sempre é bom ter-se muito cuidado. Depois, pode-se pedir a alguém que represente essa imagem de Deus (ou Jesus ou o Espírito Santo) e podem conversar com Ele. Em certa ocasião indagamos a "Jesus" quando estava no tanque de Betesda, porque havia curado alguns e outros não. Podem imaginar as respostas!

Esboços para Bibliodramas

Muitas pessoas me solicitam sugestões de como estruturar os Bibliodramas. Cada pessoa tem sua própria criatividade e forma de fazer Bibliodrama, e isso deve ser respeitado. Cada situação pede algo diferente, e mesmo aquelas histórias que a gente já dramatizou tantas vezes não deixam de ter seu encanto próprio quando dramatizadas mais uma vez. Isto posto, aqui vão algumas ideias de temas que podem ser desenvolvidos.

O Bibliodramatista deve ter sensibilidade à situação, porque em diferentes contextos, talvez devemos fazer coisas de formas diferentes. Mas aqui vão algumas estruturas básicas para começar. Depois, cada um deve desenvolver o seu. Quem sabe a coisa mais importante para fazer um bom Bibliodrama é aprender a "pensar Bibliodramaticamente", i.e., ler o texto e aprender a ir pensando no que ocorreu nas entrelinhas.

Bibliodramas iniciais ou de aquecimento

Estas ideias podem ser utilizadas como forma introdutórias ao Bibliodrama ou como uma forma de começar um Bibliodrama mais longo. São simples e muito boas para o Bibliodramatista iniciante.

- Festa no Céu: Cada participante escolhe um personagem bíblico. Todos estão no Céu, numa festa informal, onde vão compartilhar sobre a sua vida na terra.

- Cada um escolhe um personagem bíblico e são divididos em pares. Um é apresentado ao outro a partir do papel que escolheram. Se quiserem, depois, cada um pode apresentar seu "parceiro Bíblico".

- Ler a história da Arca de Noé e então cada um escolhe ser um dos bichos que vai entrar na arca. Pode-se distribuir papeizinhos com os nomes dos bichos, mas todos têm que se encontrar e se organizar para entrar na arca.

Lembrando o passado:

- Os reis magos depois que voltaram às suas casas.

- Batsebá contando como foi a história com Davi.

- Maria, já velha.

- João, na Ilha de Patmos, contando como foi o ministério com Jesus.

- Elias, contando da carruagem de fogo.

Entrevista com objetos:

- A vara de Arão

- A cesta de Moisés

- A arca de Noé

- A espada de Golias

- A árvore do Conhecimento do Bem e do Mal

- O manto de Elias

- O machado que flutuou

- A manjedoura de Jesus

- As redes de pesca de Pedro

- O barco de João e Tiago

- O vaso de alabastro

Entrevista com animais:

- Os bichos da arca de Noé

- O burro de Balaão

- O cavalo de Paulo

- A serpente do paraíso

Ideias mais avançadas:

Playback bíblico:

Essa é uma variação do trabalho de *Playback Theater* desenvolvido por Jonathan Fox. O(A) Bibliodramatista e o Contador da história sentam juntos. O Contador é uma personagem bíblica que deseja ver uma cena da sua vida. As outras pessoas presentes vão dramatizar o que o Contador pede. Todos os Contadores *têm* que ser personagens bíblicas.

Por exemplo:

- Um dos pastores que esteve presente no nascimento de Jesus quer ouvir o coro dos anjos outra vez;

- Moisés quer ver a cena do Mar Vermelho se abrindo para dar passagem aos filhos de Israel;

- Rute quer ver a cena onde Noemi tenta se despedir dela;

- Paulo quer ver a cena quando ele cai do cavalo, etc.

Diálogos:

- O filho mais novo e o filho mais velho (história do filho pródigo) depois que o jovem volta para casa.

- Adão e Eva depois que foram expulsos do Jardim de Éden.

- Moisés e Aarão conversando sobre como vão entrar na presença de Faraó.

- As parteiras do Egito discutindo o que vão fazer em relação ao édito de Faraó para matar os filhos varões dos hebreus.

Com casais:

Os homens podem tomar o papel do homem e as mulheres, da mulher; mas às vezes é interessante fazer a proposta para que tomem os papéis contrários de propósito para que possam se colocar no papel do outro gênero.

- Adão e Eva: ela já comeu, e ele ainda não; quando os dois já tinham comido; depois que Deus falou com eles; depois da morte de Abel; já velhos, relembrando tudo que passou.

- Maria e José: quando Maria conta pra José que está grávida por obra do Espirito Santo; depois que José tem o sonho com o anjo que confirma que Maria está grávida por obra do Senhor; na noite em que ambos têm que fugir para o Egito; quando voltam do Egito; quando não encontram Jesus com 12 anos e têm que voltar para procurá-lo; quando José está para morrer.

Com pais e filhos:

Diálogo entre José e Jesus quando José está para morrer.

- O pai e o filho pródigo uns dias depois que este voltou pra casa; o pai e o filho mais velho depois que o irmão volta pra casa.

- Moisés, quando passa o cajado para Josué.

- Paulo e Timóteo, conversando sobre como desenvolver o ministério.

- Maria e Jesus quando chegam em casa depois da experiência no Templo aos 12 anos; depois da morte de José; depois que Jesus diz aos discípulos que não vai atender à mãe e os irmãos; quando sabe que os fariseus querem matá-lo; depois que Jesus ressuscita.

Inovações:

Dramatizar a história do filho pródigo onde todos os personagens são mulheres: mãe e duas filhas.

****

Notas:

Carvalho, E. (1988) *Jogos Dramáticos para Cristãos.* Brasilia: TraumaClinic Edições.

Carvalho, E. (1993) *Mulher y Autoestima.* Praça do Encontro.

Referências bibliográficas:

As obras a seguir estão todas em inglês.

- Miller, D (1998) *Do-ers of the Word. Beacon:* Beacon House Publications.

- Pitzele, P (1995) *Our Father´s Wells.* New York: Harper San Francisco.

- Pitzele, P (1998) *Scripture Windows.* Los Angeles: Torah Aura Productions.

Finalmente...

Se você gostou deste trabalho e gostaria de aprender mais sobre o Bibliodrama e como fazê-lo, pode escrever para o endereço abaixo e acertar um treinamento na sua igreja ou comunidade.

Também desenvolvemos Devocionais Bibliodramáticos e você pode se inscrever aqui: **https://bit.ly/2Ck76df**

E se puder deixar uma avaliação na Amazon deste livro, ficamos ainda mais agradecidos, porque assim outras pessoas ficam sabendo também.

Praça do Encontro

Esly Regina Carvalho

Praça do Encontro

www.pracadoencontro.com.br

contato@pracadoencontro.com.br

www.bibliodrama.com.br

Sobre a autora:

Esly Regina de Carvalho, Ph.D. é doutora em psicologia com especialização em psicodrama e Terapia EMDR. Recebeu seu título de psicóloga em Brasília em 1980, e sua certificação como Supervisora de Psicodrama em 1988, pela FEBRAP (Federação Brasileira de Psicodrama). Posteriormente, foi aprovada, *com distinção,* como *Trainer, Educator and Practitioner in Psychodrama* pelo American Board of Examiners in Psychodrama, Sociometry and Group Psychotherapy nos Estados Unidos.

Devido as obrigações do seu esposo, Esly manteve uma prática privada no Equador, depois em Dallas (EUA) e finalmente no Brasil, onde coordena o trabalho da TraumaClinic. Ministra cursos de formação em Terapia EMDR, uma abordagem reconhecida pela Organização Mundial de Saúde como eficaz para tratar traumas, e forma outros profissionais nessa abordagem revolucionária.

É também autora de múltiplos livros assim como palestrante de renome internacional. Esly é casada com Ken Grant, tem uma filha casada e netos maravilhosos!

Mais livros pela autora
Para adquirir os seguintes livros acesse a amazon.com

Esly Regina Souza de Carvalho

CURANDO A GALERA QUE MORA LÁ DENTRO

Como o EMDR Pode Curar Nossos Papéis Internos

Esly Regina S. de Carvalho, Ph.D.

SAINDO DESSA
Caderno de Recuperação de Maus-Tratos e Violência Familiar

Os seguintes livros podem ser adquiridos pela ultimato.com.br

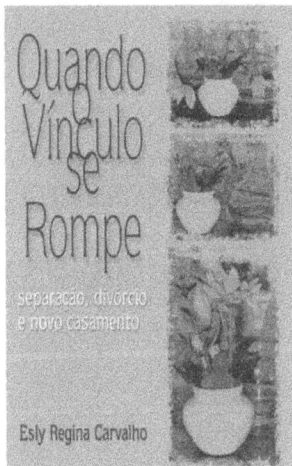

Quando Vínculo Se Rompe

separação, divórcio e novo casamento

Esly Regina Carvalho

Esly Regina Carvalho

saúde emocional
e vida cristã

www.ingramcontent.com/pod-product-compliance
Lightning Source LLC
Chambersburg PA
CBHW021339290326
41933CB00038B/984